漫畫中國歷史

唐朝 璀璨大帝國 二

編繪　孫家裕
主筆　尚嘉鵬　李宏日

中　香港中和出版有限公司
www.hkopenpage.com

　　歷史常常是成年人寫給成年人看的，給「非成年」讀者——少兒讀者看的歷史會是什麼樣的？這套《漫畫中國歷史》就是一個嘗試。

　　這套漫畫從上古神話時代講到晚清，共二十餘卷，每一卷九篇故事，形成較完整的中國通史綫索。Q版畫風，故事逗趣流暢，但是對歷史的解讀態度之認真，也許會讓少兒讀者的爸爸媽媽都能大受啟發。

　　為便於讀者對歷史發生的地點一目了然，根據漫畫內容，我們在每一卷中都配了一幅精美的卡通大地圖；為讓故事中的人物性格與經歷在讀者心中留下深刻的印象，我們設計了卡牌風格的人物介紹；歷史故事代代相傳，有虛有實，為此我們在每個故事的最後，為讀者準備了一個短小的補充閱讀，介紹與故事有關的歷史和語文小貼士。若是對此仍然意猶未盡，讀者還可以透過我們精心遴選的延伸鏈接，去了解更多的內容。

　　我們希望這套《漫畫中國歷史》能讓你從此對歷史產生興趣。

盛世氣象在大唐

　　唐朝（公元618年—907年），是中國最強盛的王朝之一。大唐在中國人乃至世界其他國家的人民心中都烙下了深深的印記。

　　唐朝的歷史繁盛、多彩而又絢麗。唐太宗李世民的「貞觀之治」開啟了大唐盛世。其後武則天稱帝，成為中國歷史上唯一的女皇帝。唐玄宗之「開元盛世」使唐朝進入全盛時期，被認為是繼漢武帝時期之後，中國歷史上出現的第二次鼎盛時期。唐朝首都長安城成為當時世界上最大的城市，也是世界上第一個人口達到百萬的城市。

　　唐朝是中國封建時代最強盛和統治時間最長的王朝之一。其疆域之大，境內民族之多，都是空前的。唐王朝的經濟繁榮，文化昌盛，在當時處於世界領先地位，與當時世界上許多國家和地區的文化交流亦非常頻繁。唐朝的文化氣度恢弘，海納百川。它不拒絕吸收任何優秀的東西，也不拒絕改造自己，顯示了空前的包容性、開放性和強大的生命力。

唐人的精神自由坦蕩，自信卻不自大。上至王公貴族，下至布衣百姓，都張揚個性，如同唐代詩歌所反映的時代風格與時代精神那樣博大雄渾、深遠超逸，充滿了無盡的活力，濃鬱的激情和不息的生命力。

　　　　　　　　　　　　　　　　　　　　　　　　　紀連海

大食

突

蕃

天

竺

一騎紅塵妃子笑

馬嵬坡兵變

甘露之變

開元盛世

安史之亂

黃巢之亂

歐

幽州

馬嵬坡

長安

冤句

蔡州

李愬雪夜入蔡州

阿倍仲麻呂仕唐

新羅

日本

流求

大中之治

以開元二十九年(741年)為參照
本圖參考了譚其驤主編之《中國歷史地圖集·第五冊》

人物介紹

唐玄宗

李隆基 唐朝第六代皇帝 開元盛
世 沉迷聲色 重用奸佞 安史之亂

姚崇

武后、睿宗、玄宗三朝宰相 提
「十事要說」 助玄宗創開元盛世

張說

玄宗朝宰相 積極有為 主張裁
軍務農 擅長文學 貪瀆受賄

阿倍仲麻呂

日本遣唐留學生 詩人 在唐科舉
入仕 改名晁衡 官至光祿大夫

楊貴妃

玄宗寵妃 萬千寵愛於一身
馬嵬坡兵變中被賜死

楊國忠

楊貴妃堂兄 玄宗朝權臣 不學無術
引發安史之亂 馬嵬坡死於亂兵

安祿山

胡人 三鎮節度使 深得玄宗寵
信 安史之亂 後被其子所殺

高仙芝

唐朝大將 安西節度使 爭奪中亞
安史之亂失利 含冤而死

封常清

唐朝大將 安西節度使 爭奪中
亞 安史之亂失利 含冤而死

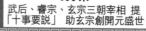

李愬

唐、隨、鄧三州節度使 名門之後
奇襲蔡州 生擒吳元濟 平淮西之亂

吳元濟

淮西節度使之子 擁兵叛亂 被李
愬奇襲俘虜 押送長安處死

唐文宗

李昂 唐朝第十四代皇帝 由宦官
扶上皇位 甘露之變 傀儡皇帝

仇士良

唐文宗時宦官 神策軍首領 操
控皇帝 甘露事變 屠戮官員

李德裕

文宗、武宗兩朝宰相 牛李黨爭
力主削藩滅佛 因位高權重被貶黜

唐宣宗

李忱 唐朝第十八代皇帝 勵精
圖治 大中之治 「小太宗」

唐僖宗

李儇 唐朝第二十代皇帝 沉迷
遊戲 黃巢之亂 唐朝接近尾聲

王仙芝

私鹽販子 集結飢民 起兵反唐
四處轉戰 兵敗被殺

黃巢

私鹽販子 起兵反唐 暴虐濫殺
佔領長安 摧毀唐朝 兵敗自殺

目錄

開元盛世

公元712年八月,唐睿宗禪位給太子李隆基,是為唐玄宗。

次年,唐玄宗鏟除了太平公主政治勢力,鞏固了皇權,改年號為開元,意思是要開創新紀元。為此,唐玄宗任賢用能,勵精圖治。

皇上,這是臣寫的《十事要說》,奏摺中都是臣對治國的想法。

嗯……

姚崇,你提出的這十項主張,朕都會去實行的!

謝皇上!

現在官員聯合地主，通過各種手段搶奪土地，佔為私有！

姚崇的《十事要說》提出了仁政、減輕賦稅、重用賢才、打擊權貴犯法、防止外戚或宦官專權等主張，被唐玄宗奉為治理國家的指導方針。

我朝法律是禁止官員和皇族搶佔農田的，朕馬上下令清查官員的土地！

沒用的，上有政策，下有對策，那些官員和皇族可精明著呢！

對策？

他們打著修佛的旗號強佔土地建廟，廟建得愈多，土地也就愈多！

皇上看看京城四周有多少和尚廟、尼姑庵！

老百姓種糧的地都被佔去建寺廟了，再這麼下去，哪兒還有糧食啊！

修佛，修的是心，養的是性。

心修煉好了，也就有了佛性，哪需要修那麼多寺廟？

拆了寺廟會不會引起信徒們的憤怒啊？

只是把那些新建的寺廟給拆了，信徒們要燒香拜佛可以去以前的那些古寺啊！

好，就讓寺廟裡的僧人們還俗吧！

大量的廟宇被鏟平，耕地又重新回到了農民的手裡。

兩萬僧人被勒令還俗，土地兼併的問題得到了有效的遏制。

山東的蝗災這麼厲害啊！

是啊，所以當地官員帶頭點香磕頭，乞求神仙趕走蝗蟲。

胡扯！求神拜佛能滅得了蝗蟲嗎？

啪

我立刻去向皇上請命，讓各地官員組織民力捕殺蝗蟲！

可是除了乞求神仙也沒有別的法子啊！

可以用火燒呀！只要在田頭點上火，蝗蟲就會撲進火裡的！

一段時間後

他説蝗蟲是天災，人力消滅不了。

如果自己的德行高尚就能感動上蒼，天災自然會結束。

這是汴州刺史倪若水的奏摺，你看一下。

他還舉了劉漢劉聰抵抗蝗災失敗的例子呢！

哼！

如果德行高尚能消滅蝗災，那麼汴州有蝗災，就說明倪若水的德行不高尚！

一個德行不高尚的人説的話，皇上相信嗎？

姚崇，那你説該怎麼辦呢？

請皇上立刻下令倪若水滅蝗！

有不少臣子上書，説蝗災是天意，滅蝗災就是和老天過不去。
這些老古董，什麼都不懂，只會胡説八道！
他們的説法和倪若水的差不多。
倪若水最近倒是在大力滅蝗，燒死了14萬擔的蝗蟲。
漢光武帝曾説過「勉顧時政，勸督農桑，去彼蝗蜮，以及蝥賊」。
可見前朝曾滅過蝗蟲。

《詩經》有詩「秉彼螟賊，以付炎火」，就是告訴我們要用火來滅蝗蟲。

這些滅蝗蟲的方法都是前人留下的，可不是我在胡說八道。

魏時山東蝗災，朝廷不敢滅蝗，莊稼顆粒無收，最後出現了人吃人的慘狀。

皇上難道願意眼睜睜看著自己的子民如此悲慘嗎？

而且山東周邊的河南河北產糧本來就少，我們上哪裡調糧來填飽老百姓的肚子呢？

可是，姚大人下令殺這麼多蝗蟲，會傷和氣的！

盧懷慎，難道你的眼裡只看得到殺蝗蟲會傷和氣，卻看不到餓死人也會傷和氣嗎？

姚崇，你⋯⋯

這樣吧，殺蝗蟲傷的和氣，就用我的陽壽抵上就是了！

姚崇，你有把握能消滅蝗災嗎？

如果不能消滅這次的蝗災，臣願意引咎辭職！

在姚崇的堅持下，官民齊心捕殺了900萬擔的蝗蟲，不但平息了蝗災，還成功保護了莊稼。

我朝邊境有士兵60多萬，軍費開支巨大，臣建議皇上裁減兵員。

那麼就裁減20萬兵員吧！

是！

臣還覺得，我朝現在實行的府兵制需要改進。

府兵制是兵農合一，戰時是士兵，閒時是農民。

所以農民既要服兵役，又要交田稅。

很多農民在服兵役的時候還要交稅，有時他們交不起稅，只好逃亡當起了流民。

聽你這麼一說，府兵制的確有很大的問題啊！

臣覺得，應將兵民分家。

如果當兵的全家都是軍戶，就不用交稅、服雜役了！

皇上，有13萬流民回到軍中，並表示願意當兵。

太好了！

21

把他們全部編在京師做宿衛吧，就叫做「長征健兒」！

臣聽説不少邊關的將領也在招募士兵呢！

是！

他們會不會擁兵自立啊？

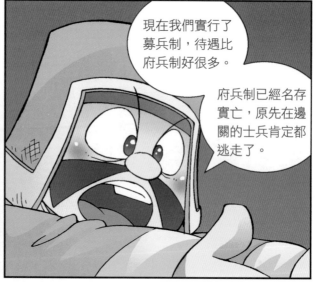

現在我們實行了募兵制，待遇比府兵制好很多。

府兵制已經名存實亡，原先在邊關的士兵肯定都逃走了。

如果不讓邊關的將領募兵，就沒有士兵能打仗了！

臣倒是覺得應該大力提倡他們募兵。

説得很對！

張説，你真是越來越能幹了！

多謝皇上誇獎！

在姚崇、張説等人的輔佐下，唐朝進入了全盛時期，史稱「開元盛世」。

朕決定任命你為中書令！

唐隆政變與先天政變

在唐中宗縱容下，以韋后為中心的政治集團把持了朝政。公元710年六月，中宗暴亡，韋后立李重茂為帝，改元唐隆，欲仿效武后臨朝稱制，李唐社稷又受威脅。相王李旦的兒子李隆基和太平公主發動政變，誅殺韋后集團，廢李重茂擁立李旦復辟，是為唐睿宗。之後，李隆基與太平公主因權力鬥爭矛盾日益激化，唐睿宗無法調和二人的矛盾，於公元712年禪位給李隆基，改元先天，是為唐玄宗。公元713年，唐玄宗發動政變，以謀反罪鏟除了太平公主的勢力，皇權得以鞏固。這兩次政變分別發生在唐隆、先天年間，故稱「唐隆政變」和「先天政變」。

盛唐的黃金時代

唐玄宗於公元元712－756年在位，其間開元時期大概有29年之久，既是玄宗個人最奮發有為的時期，也是唐朝最強盛的黃金時代。

這個時期，年富力強的玄宗勵精圖治，任用賢能的人才，發展經濟，改革軍事。通過系列措施，唐朝的財政變得豐裕，全國的糧倉充實，物價低廉，人民豐衣足食，社會安定祥和。根據史籍記載，那時旅店商舖遍及全國南北，酒食貨品豐富，去到哪裡也不用擔心人身安全問題。在軍事上，北方打敗了後突厥，東北挫敗了契丹，又在西北稱霸西域，戰勝了吐蕃。

「詩聖」杜甫在經歷了安史之亂後，在回憶開元盛世時，詩句中流露出無限的讚美：「憶昔開元全盛日，小邑猶藏萬家室。稻米流脂粟米白，公私倉廩俱豐實。九州道路無豺虎，遠行不勞吉日出。齊紈魯縞車班班，男耕女桑不相失。」

登鸛雀樓

王之渙

白日依山盡，黃河入海流。
欲窮千里目，更上一層樓。

　　王之渙是盛唐時期著名的邊塞詩人，他的這首《登鸛雀樓》是盛唐詩歌的代表作。鸛（普：guan^4，粵：gun^3）雀樓，故址在當時的河中府（今山西永濟縣），建在黃河邊的山崗上，是唐代的遊覽勝地。詩句意氣風發，有一種眼界開擴、有為向上的精神力量。從這首詩中也能感受到盛唐時代國力強盛、人心振奮的時代精神和氣度。

在你旅遊過的地方，最壯觀的景象是什麼？

延伸鏈接

　　推薦視頻：歷史紀錄片《中國通史·開元盛世》（http://www.youtube.com/watch?v=eFZrhr9Ej4M）

　　（年輕有為的天子——李隆基）

進階思考

　　唐玄宗為什麼能開創開元盛世？

阿倍仲麻呂仕唐

六世紀中葉，大和（今日本）開始向中國遣使。隋時，大和派遣了四批遣隋使來華學習。

公元630年，第一批遣唐使來華。唐朝的強盛讓大和敬慕不已，不斷派遣遣唐使和留學生、留學僧來華學習，人數和規模不斷增加。

啊喲！好大的風浪！

只怕我們要葬身魚腹了！

嘩啦

船要散架了！趕緊逃生啊！

由於造船術和航海技術的落後，遣唐使的船隻經常被狂風巨浪毀壞，因此遣唐使每次來華都是冒著生命危險，但這並未阻止他們學習唐文化的決心。

皇上，這些是我國派來大唐的留學生。

朕就安排貴國派來的留學生去國子監太學讀書吧！

多謝皇上！

聽說國子監太學是大唐最好的學府。

聽説在國子監太學畢業的學生可以參加大唐的科舉考試。

別做夢了，我們外國人怎麼可能考得上？

吉備真備

阿倍仲麻呂

那可不一定哦！我就要做第一個考上大唐進士的外國人！

學而時習之，不亦説乎……

阿倍仲麻呂,下課啦!

吉備真備,以後叫我晁衡。

你先走吧,我還想再看一會兒。

我決定參加今年的科舉考試,所以就入鄉隨俗取了一個唐名!

看來你真的很喜歡大唐文化啊!連名字都改成晁衡了!

希望考官別欺負外國人!

放心吧,你就等著聽我的好消息吧!

阿倍仲麻呂一舉考中進士，被任命為左春坊司經局校書，不久又升任門下省左補闕。

晁衡，我以茶代酒，敬你一杯！

謝謝王維大人。

聽說你已經向皇上提出歸國的請求了。

是啊！

和我一同來大唐的留學生馬上就要啟程回國了，我想跟他們一起走。

晁大人，以後就見不到你了！

回到日本，我會想念你們這些大唐的好朋友的！

我趙驊沒什麼好東西送你，就送你一首詩吧！

好啊！

西掖承休浣，東隅返故林。來稱郯子學，歸是越人吟。

馬上秋郊遠，舟中曙海陰。知君懷魏闕，萬里獨搖心。

晁大人，皇上派人頒旨給你，快去接旨吧！

31

公元752年，遣唐使藤原清河出使長安，阿倍仲麻呂再次提出回日申請，終於得到了唐玄宗的批准。

晁衡！

包佶、王維兩位大人！

臨別之時，送你一首詩！

33

上才生下國，
東海是西鄰。
九澤藩君使，
千年聖主臣。

野情偏得禮，
木性本含真。
錦帆乘風轉，
金裝照地新。

我也送你一首詩吧！

孤城開唇閣，
曉日上朱輪。
早識來朝歲，
塗山玉帛均。

積水不可極，
安知滄海東。
九州何處遠，
萬里若乘空。

向國唯看日，
歸帆但信風。
鼇身映天黑，
魚眼射波紅。

鄉樹扶桑外，
主人孤島中。
別離方異域，
音信若為通。

過了灞橋，就
出長安了，這
柳枝送給你！

我也將這把一
直帶在身邊的
寶劍贈給你。

銜命將辭國，
非才忝侍臣。
天中戀明主，
海外憶慈親。

伏奏違金闕，
騑驂去玉津。
蓬萊鄉路遠，
若木故園林。

西望懷恩日。
東歸感義辰。
平生一寶劍，
留贈結交人。

翹首望長天，
神馳奈良邊。
三笠山頂上，
想又皎月圓。

呼 呼

啊！

嘩 啦

晃衡遇難了？

應該是吧！

聽説晃衡大人的船隻被風浪吹上了驩州海岸，船上的一百多人都被當地土人殺害了。

搭乘那次遣唐使船隻去日本的，還有鑒真和尚，所幸其他船隻沒有被損毀。

公元755年6月，僥倖逃脱土人屠殺的阿倍仲麻呂和藤原清河等十餘人通過陸路來到長安，至死再也沒有離開過大唐。

詩仙李白聽説後，特地寫了首《哭晃卿衡》哀悼。

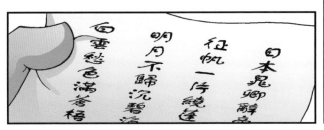

日本晃卿辭帝都

征帆一片繞蓬壺

明月不歸沉碧海

白雲愁色滿蒼梧

歷史小知識

遣唐使

　　四世紀中葉，大和王朝統一日本列島後，曾多次遣使中國。隋朝時，大和先後向中國派出了四次遣隋使到中國學習。公元623年，遣隋留學僧惠齊等人回國後，向大和天皇報告了大唐國的強盛，建議派使節赴唐學習。於是，大和天皇決定派遣優秀使臣，帶領留學生、留學僧去中國學習。公元630年，第一批遣唐使終於成行，在此後的200多年間，共有12批遣唐使團數千人到中國學習。遣唐使和留學生、留學僧學成後，將大唐的政治、經濟制度和宗教、文化帶回國，對大和社會影響很大，直接促成了大和的大化改新，促進了日本社會的發展。大化改新後，大和正式改名為日本國。

鑒真東渡

　　鑒真是唐朝揚州一帶的佛教領袖。六世紀，佛教傳入日本並流傳開來。由於缺少名僧主持受戒儀式，日本政府便派學問僧榮睿、普照隨遣唐使赴唐邀請名僧赴日講佛授戒。公元742年，鑒真應榮睿、普照的請求，決意去日本弘揚佛法。從這年起至748年，鑒真先後五次籌劃東渡，由於官員的阻撓和海上風浪等原因都失敗了，尤其是第五次，鑒真一行在海上遭遇風暴襲擊，船漂到振州（今海南三亞）。九死一生的鑒真突發眼疾，雙目失明，但他東渡弘法之志更加堅定。公元753年，鑒真第六次東渡，終於到達了日本。此後鑒真在日本傳播了唐代多方面的文化成就，被日本人民譽為「文化之父」、「律宗之祖」。

一衣帶水

典故：經過多年的準備，隋文帝決定揮師伐陳，統一中國。臨行前隋文帝對大臣高穎說：「我為百姓父母，豈可限一衣帶水不拯之乎？」（我是天下老百姓的父母，難道因為一條像衣服帶子一樣狹窄的長江的阻隔而不去拯救他們嗎？）不久，隋軍便跨越長江天險，滅掉了陳朝。

詞義：一條衣帶那樣狹窄的水。指雖有江河湖海相隔，但距離不遠，不足以成為交往的障礙。

日本是我們一衣帶水的鄰邦，中日兩國有過友好交往的歷史，日本也曾欠下中國人民滔天血債。

你能說出和「一衣帶水」意思相反的成語嗎？

延伸鏈接

推薦視頻：《模擬遣唐使船重現》（http://www.youtube.com/watch?v=_CXI04B8tSU）

（再現遣唐使入唐的艱辛與決心）

進階思考

阿倍仲麻呂能在唐朝參加科舉、做官，說明唐朝對待外國人和外來文化是一種怎樣的態度？

一騎紅塵妃子笑

開元末年，開創了盛世之後，唐玄宗逐漸倦於政事，沉溺享樂，他罷免了賢相張九齡，重用佞臣李林甫等，成為唐朝由治至亂的分水嶺。

公元737年，深得聖寵的武惠妃去世，唐玄宗茶飯不思，情緒低落。

高力士，朕想一個人靜一靜。

皇上又在思念武惠妃了？

嗯。

皇上應該早日忘記武惠妃，尋找新的愛妃。

40

可是天下有誰能美過武惠妃呢？

有啊，就是皇上的兒媳婦壽王妃！

嗯，她的確是個美人兒……

為了名正言順地將自己的兒媳婦納為妃子，唐玄宗心生一計，命令壽王妃入道做道姑，為太后祈福。

壽王妃，你近來修行得怎麼樣？

每天潛心讀真經，領悟了不少道理。

整日埋頭在真經裡多無聊啊，還是應該多走走，多看看。

朕帶你到行宮周圍看一看，驪山的風景可是出了名的美麗啊！

是！

真漂亮啊！

只要你喜歡，朕每天都帶你來這裡。

好啊！

等回到長安，你別把自己關在道觀裡，小心悶著！

可是道觀建在皇宮裡，走出去四處都是宮殿，我哪敢亂走啊！

朕等會兒就下一道命令，允許你在內宮裡隨便走動。

皇上真好！

只要你開心，朕有什麼不依你的。

公元745年，唐玄宗為壽王重新冊立了一位王妃韋氏，隨即就冊封前壽王妃楊玉環為貴妃。

唐玄宗非常寵愛楊貴妃，對她百依百順。

皇上，我好想吃荔枝喔！

可是宮裡現在沒有荔枝啊……

那皇上可以命人送些荔枝來宮裡吧！

好，朕這就下令！

趕緊給我換匹馬！

這匹馬快累死了……

一路快馬加鞭沒停過，就是鐵打的馬也吃不消啊！

皇上寵愛的楊貴妃想吃新鮮的荔枝，我們只好馬不停蹄地給她送去。

一定是有緊急公文吧？

不是公文，是荔枝。

什麼事這麼緊急？

小心！

馬匹上的記號是驛站的，估計是去送什麼緊要公文吧。

皇上，荔枝送到了！

愛妃，快嚐嚐味道好不好？

晶瑩剔透，味道一定很不錯。

皇上，您也嚐一個！

高力士，趕緊讓人把荔枝都剝了！

是！

荔枝都是生長在嶺南。

嶺南到長安，不是需要好多天的路程嗎？

朕讓人日夜兼程，快馬加鞭，你看才幾天的工夫就送到了。

這嶺南的官員事情辦得不錯，應該好好獎賞一下。

朕決定以後每年都讓嶺南進貢荔枝。

皇上對臣妾真好！

傳令下去，將嶺南經略使張九章的官位提升到三品官！

遵旨！

愛妃，給我跳個舞吧！

好啊！

47

跳得太好了！

這首《霓裳羽衣舞》，沒有人能跳得比臣妾更好了！

當然，愛妃的胡旋舞跳得也相當不錯啊！

說到胡旋舞，臣妾倒是想起了上回來宮裡跳舞的大胖子。

大胖子，你是說安祿山？

是啊，他跳的胡旋舞真不錯！

雖然他自稱體重有350斤，但是跳起舞來真是身輕如燕啊！

如果愛妃喜歡看他的胡旋舞，朕就召他進宮跳一段吧！

臣安祿山見過娘娘、皇上！

安祿山，你為什麼先拜愛妃再拜朕呢？

因為我們胡人總是先拜母親再拜父親，所以臣先拜女性再拜男性。

皇上，這個人真有趣，臣妾想收他做養子。

討好了楊貴妃，就等於討好了皇上，高官厚祿就唾手可得了……

你願意做愛妃的養子嗎？

臣願意！

既然愛妃這麼喜歡你，朕就加封你為御史大夫吧！

謝皇上！

安祿山很快就得到了唐玄宗的任用。為了討好楊貴妃，唐玄宗還大肆任用楊家外戚，為日後的「安史之亂」埋下了隱患。

歷史小知識

嶺南第一人——張九齡

　　張九齡生於曲江（今廣東韶關），是唐代唯一一個由嶺南書生出身的宰相。張九齡自小聰明好學，24歲便考取狀元，公元707年又堪經邦科（皇帝為選拔專門人才而設的考試）登第，從此步入仕途。開元初年，因與姚崇不和，張九齡辭官回鄉。期間，主持開鑿了大庾嶺路（今梅關古道），後人譽之為「古代的京廣綫」。其後數次為官，數次被貶。公元733年，張九齡出任宰相，他針對社會弊端，提出以「王道」替代「霸道」的從政之道，敢於直言向皇帝進諫，多次規勸玄宗居安思危，整頓朝綱。主政期間，張九齡平息了廢嗣風波，對李林甫等的奸佞行為，更痛斥其非，曾預言安祿山必反，力主誅之以除後患。因屢忤上意，公元737年，張九齡再次被貶，三年後去世。張九齡不但政績彪炳，而且文采斐然，風度翩躚，被譽為嶺南第一人。

唐朝時的嶺南

　　唐朝時設有嶺南道，治所位於廣州。因為有山川相隔、路途遙遠、氣候差異大，嶺南與中原的交往是一點點慢慢增多的。隋唐時期，海上貿易繁榮，廣州是一個重要的貿易港口，唐朝政府還在這裡設置了市舶司以管理貿易。唐代開元年間，張九齡主持擴建大庾嶺新道，使其成為接通嶺南嶺北的主要通道，此後嶺南與中原的人才、物流交往更暢順了，來自中原的文化影響也比過去更強。在唐朝，有張九齡這樣出身嶺南的名宰相，也有被貶官至嶺南的著名人物如韓愈、劉禹錫等。

口蜜腹劍

典故：李林甫忌才害人，凡才能比他強、聲望比他高的人，他都不擇手段地排斥打擊。對唐玄宗，他則獻媚奉承，並且採用種種手法，討好玄宗寵信的嬪妃以及心腹太監，由此做到了宰相。李林甫和人接觸時，總是和藹可親，甜言蜜語，實則陰險狡猾，暗中害人。所以人們說李林甫「口有蜜，腹有劍」。後來就以「口蜜腹劍」比喻嘴甜心毒。

詞義：嘴上說的很甜美，腹裡卻懷著害人的主意。形容兩面派的狡猾陰險。

前面我們還學過一個與「口蜜腹劍」意思相近的成語，你還記得嗎？

延伸鏈接

推薦視頻：《百家講壇：唐玄宗與楊貴妃》（http://kejiao.cntv.cn/2013/11/27/VIDA1385544968825883.shtml）

（聽一聽完整的唐玄宗故事）

進階思考

對比一下開元初年的唐玄宗，他是怎樣將自己開創的開元盛世葬送掉的？

安史之亂

天寶定間（公元742年－756年），唐玄宗沉迷聲色，把政事交給了奸臣李林甫、楊國忠，政治腐敗，各種矛盾日趨激化，一場大亂即將來臨。

楊國忠非常嫉妒掌握軍事大權的安祿山，想方設法要置他於死地。

楊國忠，什麼事情這麼著急？

臣收到密報，安祿山要造反！

安祿山是什麼人我最清楚了，他不會造反的！

皇上！

不跟你囉嗦了，朕要去陪愛妃了！

哼，我一定要拔掉安祿山這顆眼中釘！

皇上，安祿山正在偷偷招兵買馬。

一定是假情報！

朕信任安祿山，就像信任你一樣！

您要是不信臣的話，就徵召安祿山來京。

他做賊心虛，一定不敢來的！

華清宮

楊國忠説你要造反，朕一直不相信！

安祿山，你來了！

皇上不嫌棄臣的外族身份，對臣恩寵有加，卻引起了小人的嫉妒……

安祿山忠心不二，看來楊國忠多慮了！

臣一定會被楊大人害死的！

朕絕不會讓他傷害到你！

楊國忠鐵了心要害死您，難說哪一天真會大禍臨頭！

哼！

不殺了楊國忠，我就不叫安祿山！

楊國忠既是貴妃娘娘的堂哥，又是皇上的寵臣，想殺他不容易啊！

不必皇上動手，我就可以殺了他！

私自殺害朝廷重臣，那和謀反有什麼區別？

如果我坐在皇位上，楊國忠還能囂張嗎？

您……要造反？

對！

堂哥想造反，要是失敗豈不是會連累到我？

安思順說他堂哥安祿山要造反，你說這是不是真的？

我的鳥兒剛死，哪有心情管這種事！

唉！一提到安祿山的事情，愛妃就嫌我囉嗦……

公元755年,安祿山與部將史思明起兵造反,史稱「安史之亂」。

皇上,太原急報,安祿山起兵造反了!

這一定是安祿山的政敵捏造的假情報!

皇上,情報是真的!

太原副留守楊光翽已經被俘虜了!

五天後

東受降城急報，安祿山起兵造反！

看來安祿山真的造反了，這可怎麼辦啊？

皇上，安西節度使封常清求見！

快召！

安祿山的部下不會跟著他造反的，他一個人撐不了多久！

有道理！

封常清，你作戰經驗豐富，能不能幫朕趕走安祿山？

臣願意！

臣即刻趕赴洛陽，幾日後就能替您砍下安祿山的腦袋！

好，朕現在就任命你為范陽、平盧節度使，討伐安祿山！

61

大人，兵器庫裡的兵器都生鏽了！

那就找些木棍，代替兵器吧！

遵命！

立刻放榜，招募新兵！

我們恐怕不是安祿山的對手啊!

是啊!

這些新兵,全是普通的老百姓,根本不會打仗……

快把洛陽北面的河陽橋給拆了,防止叛軍攻城!

遵命!

敵強我弱,只能死守了!

封常清率領的新兵根本不是安祿山部下將士的對手，洛陽很快就淪陷了。

唐玄宗得知洛陽淪陷後，一怒之下削去了封常清的官爵，命他在駐守陝郡、潼關的節度使高仙芝手下效力。

邊令誠，你不好好在高仙芝那裡做監軍，跑到皇宮來做什麼？

臣有重大軍情要向皇上稟告！

封常清誇大叛軍實力，動搖軍心。

高仙芝心懷不軌，私吞軍糧！

你立刻前往潼關，把封常清、高仙芝殺了！

我和封常清不肯賄賂討好你，你竟然想出這種法子來陷害我們！

高仙芝，你私吞軍糧，應當處斬！

封常清已經被我殺了，你和他做伴去吧！

大敵當前，擅殺大將，無疑是唐玄宗軍事指揮上的重大失策。不久，叛軍就攻下潼關，直撲長安。

歷史小知識

節度使

安史之亂是由手握大權的節度使安祿山發起的叛亂。節度使是唐初正式出現的一個官職，開始時是專門職掌軍事，有生殺大權。唐玄宗開元時期，從北到南在中原周邊設立了十個節度使，起到周邊防衛的作用。其中安祿山所擔任的范陽（今北京地區）節度使是節度使中兵力最強的，他還身兼河東（今山西一帶）節度使，而安史之亂的另一位主要角色史思明是平盧（今遼寧一帶）節度使。

節度使設置初期只掌管軍事，後來漸漸總攬轄區內的民事、財政、政務，權力越來越大。在安史之亂平定後，各地的節度使都成為割據一方的軍閥。

安祿山

安祿山出身於雜胡，後得到幽州節度使賞識，一步步地做到了幽州節度副使。安祿山深諳官場之道，重金賄賂來往的朝廷官員，讓他們在皇帝面前為他說好話。742年，安祿山被任命為平盧節度使，從此得以面見皇帝。安祿山善於諂媚逢迎，連哄帶騙取得了唐玄宗、楊貴妃等人的寵信，至公元752年，身兼平盧、范陽、河東三鎮節度使，獨掌今河北、遼寧西部、山西一帶的軍政財大權，反叛之心也漸漸顯露。李林甫死後，安祿山與楊國忠因爭權邀寵而矛盾激化。公元755年，安祿山假託討伐楊國忠，與部將史思明起兵作亂，先後攻取洛陽、長安，稱帝建立燕國。公元757年，叛軍內亂，安祿山被其子安慶緒殺死。

養虎遺患

典故：楚漢戰爭時期，鴻溝劃界之後，劉邦心滿意足，準備撤兵西歸。這時，謀臣張良、陳平進諫說：「如今項羽的軍隊既疲勞，又缺糧，正是衰弱的時候，如果不趁這機會消滅他，就好比養了一隻老虎，長大了自己要被害的。」劉邦聽後，覺得有道理，於是趁勢追擊項羽，結果項羽大敗，在烏江邊自殺。

詞義：遺：留下；患：禍患。留著老虎不除掉，就會成為後患。比喻縱容壞人壞事，留下後患。

唐玄宗不僅沒有察覺安祿山的反叛野心，而且不聽大臣的勸告，對安祿山寵信有加，最終養虎遺患，被安祿山趕出長安。

和「養虎遺患」意思相同的成語，你知道嗎？

延伸鏈接

推薦視頻：《盛唐的背影》（http://opencla.cntv.cn/20130604/shengtangdebeiying_PLAY10147204）

（了解盛唐是一個什麼樣的時代）

進階思考

如果不是楊國忠接二連三地告御狀，安祿山會反叛嗎？為什麼？

馬嵬坡兵變

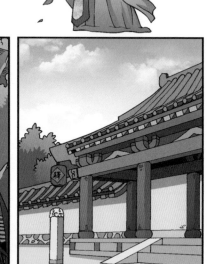

公元756年初，叛軍攻佔洛陽，安祿山稱帝，建立燕國。六月，叛軍逼近長安。唐玄宗驚慌失措，帶著部分皇親國戚和近臣，在禁軍護送下，偷偷逃出長安，奔向蜀中。

地方官員大都逃走，一路上無人接應，唐玄宗的逃亡隊伍食宿無著。第二天，一行人來到馬嵬驛。

皇上，暫時在驛站休息一下吧。

皇上，這是您和貴妃娘娘的晚餐！

68

你有志氣你就把吃的讓給我啊！

憑什麼？

你們還有力氣吵鬧？

陳將軍，什麼時候開飯啊？

皇上下令，讓你們去村落討飯充飢！

沒糧食了！

啊？

居然讓我們去討飯！

誰說沒糧食了？我之前還看到有人在做飯呢！

因為貴妃娘娘嫌買來的胡餅不好吃，全都扔了。

皇上只好讓人買些米飯給她另開小灶！

有得吃就不錯了，還挑挑揀揀！

這女人真不識好歹！

士兵們嚷著肚子餓，不肯趕路！

這麼下去，遲早會發生軍變！

都怪安祿山，沒事情造什麼反！

沒有楊國忠，安祿山也不會造反！

該死的楊國忠！

我們去殺了楊國忠和楊貴妃！

好！

不但楊國忠該死，他的妹妹楊貴妃更該死！

楊國忠在這兒!

你們想幹什麼?

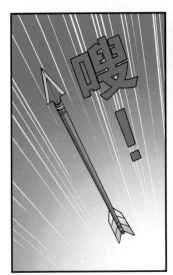

嗖!

啊!

楊貴妃是楊國忠的妹妹，大家都覺得她不配侍奉皇上！

楊貴妃可是皇上的心肝寶貝……

不殺楊貴妃，我們絕不護駕！

殺了楊貴妃！殺了楊貴妃！

外面的聲音越來越大了！

讓我好好想想！

現在形勢十分危急，皇上趕緊做出決斷吧！

韋諤大人說得對，皇上您不能再猶豫了啊！

皇上就殺了楊貴妃吧！

將士們已經殺了楊國忠，他們害怕楊貴妃會報復……

唉！那就賜她自盡吧！

娘娘！

臣妾與皇上就此永別了！

把白綾給我吧！

楊貴妃已經被處死了！

太好了！

我們要驗屍！

好！

驗屍的結果如何？

屍體的確是楊貴妃！

臣等行動魯莽，驚動聖駕，請皇上恕罪！

你們是為了國家社稷才這麼做的！

朕怎麼可能怪罪你們呢？

繼續行軍吧！

是！

馬嵬坡兵變後，唐玄宗繼續西逃，抵達成都；太子李亨則北上靈武，指揮平叛。

後來李亨被眾人擁護即位。稱帝後，奉唐玄宗為太上皇，唐玄宗的統治時代就此結束。

安史之亂的平定

唐肅宗即位後，起用郭子儀、李光弼平叛，戰局有所改觀。公元757年正月，安慶緒殺死父親安祿山取而代之。九月，唐軍收復長安。十月，安慶緒棄守洛陽敗逃鄴城（今河南安陽）。十二月，史思明降唐，次年再叛。公元759年春，鄴城之戰，安慶緒、史思明聯手大敗60萬唐軍。之後，史思明誘殺安慶緒稱帝，再次攻陷洛陽。公元761年三月，叛軍內訌，史思明被其子史朝義所殺，內部離心，屢為唐軍所敗。公元762年十月，唐代宗繼位，借回紇兵收復洛陽。公元763年春，眾叛親離的史朝義兵敗自殺。歷時七年又兩個月的安史之亂結束。

安史之亂的傷害

安史之亂雖然平定了，但卻讓唐帝國由盛轉衰，而且對中國後來的歷史也產生深遠的影響。

唐朝為了早日結束戰事，招撫參與叛亂的降將，把他們分封為節度使，允許其保留所據地區與兵力，於是藩鎮數量激增，全國各地均置節度使，形成了藩鎮割據的問題。此一割據狀態一直維持至唐亡乃至五代十國。

安史之亂使中原一帶的經濟大受衝擊，中國經濟重心再度南移，南方開始逐步取代北方的經濟地位。此外，唐室為了平亂而向回紇借兵，唐的聲威至此淪落，原本隸屬於唐朝的西域地區後來陸續被吐蕃和回紇所完全佔領。

天生麗質

典故：安史之亂後，詩人白居易到馬嵬坡附近遊玩，談及馬嵬坡兵變，寫下了描述唐玄宗與楊玉環愛情故事的長詩《長恨歌》，其中描寫楊玉環的美貌的詩句有「天生麗質難自棄，一朝選在君王側」，稱讚楊玉環的美麗。

詞義：天生：天然生成；麗質：美麗的姿容。形容女子嫵媚豔麗。

形容女子美麗的成語還有很多，你還知道哪些？

延伸鏈接

推薦閱讀：白居易長詩《長恨歌》
（傳唱千年、膾炙人口的作品，浪漫再現李隆基與楊玉環的愛情悲劇）

進階思考

天寶年間發生的許多導致唐朝衰敗的事情都能與楊貴妃扯上關係，你覺得楊貴妃應該承擔後世的罵名嗎？

李愬雪夜入蔡州

安史之亂後，節度使擁兵自重，唐陷入藩鎮割據的局面。唐憲宗即位後，採取措施，強力削藩。

公元814年，淮西節度使吳少陽死，其子吳元濟要求繼任被拒後，起兵作亂，唐憲宗派兵鎮壓，戰事持續了幾年。公元817年，朝廷派李愬前往征討。

新任節度使李愬將軍到！

換主帥了，難道又要打仗了？

皇上居然找李愬這種無名小輩來征討我，也太污辱我吳元濟了！

真是個軟柿子！還沒捏就爛了！

聽說李愬一上任就說自己不敢打仗……

聽說唐軍的李光顏攻佔了郾城，下一步準備攻打洄曲。

李光顏，這個人倒是要防一下的！

唐軍這幾路征討軍隊，也就李光顏還厲害些！

既然李愬那麼沒用，不如把留在蔡州防守他的軍隊移到洄曲防守。

好主意！

李將軍，我們在巡邏的路上抓獲了吳軍將領丁士良！

他替吳元濟出了許多壞主意，害死了我軍好多將士！

李將軍一定要把他的心肝挖出來，祭奠死去的弟兄們！

挖吧！爺爺我不怕！

真是條好漢！不如收為己用吧！

給他鬆綁，放開他！

李將軍……

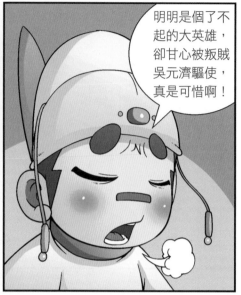

明明是個了不起的大英雄，卻甘心被叛賊吳元濟驅使，真是可惜啊！

我本來是朝廷命官，後來被吳元濟俘虜，被迫為他效力……

如果你願意重新為朝廷效力，我可以幫你。

我願意！

吳元濟住在蔡州，想捉住他必須攻下蔡州。

攻打蔡州必定要經過文城柵，攻下文城柵等於斬斷吳元濟的右臂。

攻打文城柵，我們獲勝的把握有多大？

九成！

因為文城柵守將吳秀琳並不太管軍中事務……

好，我們進攻文城柵！

吳秀琳被擒獲後，李愬向他討教攻取蔡州的計謀，吳秀琳認為只有淮西騎將李佑才有能力幫助李愬攻下蔡州。很快，李佑就被李愬設下的計謀抓住並投降了唐軍。

李將軍，我們行軍去哪裡啊？

無可奉告！

有必要這麼神秘嗎？

全速前行，去蔡州活捉吳元濟！

啊？

一定是李佑出的餿主意！這種天氣打仗等於送死啊！

嘎吱

嘎吱

城牆上爬滿了藤蘿,所有人沿著藤蘿爬進城裡!

天乾物燥,小心火燭!

救命啊!

找幾個士兵看著他,讓他繼續打更!

遵命!

今天多虧了天氣寒冷,守城的士兵都躲在被窩裡睡覺,突襲才這麼順利。

大人，唐軍打進來了！

胡說八道！一定是閒不住的士兵鬧事！

睡死了！等我睡醒再去教訓那些士兵！

大人！

大人，蔡州城被唐軍佔領了！

又來胡說了！一定是洄曲的守軍不耐寒，特地回蔡州取冬衣的！

把吳元濟抓起來！

啊？！

吳元濟終於被擒的事，讓其他的藩鎮恐懼不安，紛紛向朝廷上表歸順。

藩鎮割據

　　藩鎮就是拱衛中央、遮罩外敵入侵的軍鎮。為了防止邊陲各族的進犯，唐玄宗改革兵制，在邊境地區大量擴充藩鎮，設了十個節度使掌管藩鎮。節度使掌握軍政財權，權傾一方。安祿山就是集三鎮節度使於一身起兵反叛的。安史之亂中，軍鎮制度擴展到了內地；平叛後，朝廷又將叛軍降將就地封為節度使。由此，藩鎮遍及全國。一些勢力大的節度使擁兵自重，不聽中央調遣，不納貢賦，自定承襲，幾成一國。唐德宗時期，以河北三鎮節度使為首的藩鎮發動叛亂，攻佔長安。朝廷妥協，叛亂方得平息。之後，朝廷雖做了一些削藩的工作，但效果不大，藩鎮割據愈演愈烈，直至唐朝滅亡。

元和中興

　　公元805年八月，李純即位，是為唐憲宗。憲宗繼位後，強力削藩，先後降服了西川、夏綏、鎮海等節度使。公元814年，淮西節度使吳少陽死，其子吳元濟要求繼任被拒，吳元濟起兵作亂。憲宗派兵討伐，歷時三年平定了淮西之亂。此舉震動很大，表明了朝廷削藩鎮的決心。此後，各路節度使紛紛降服，重新向中央繳納賦稅，接受朝廷任免官吏，唐王朝在形式上又重新統一了，皇權得到加強。唐憲宗年號為元和，所以這段歷史被稱為「元和中興」。但是，憲宗並沒有從根本上解決藩鎮問題，憲宗死後，藩鎮割據死灰復燃。

擁兵自重

典故：《北齊書》中記載：高歡的大將侯景素來不屑高歡的長子高澄。高歡病重時，高澄寫信召侯景前來。侯景曾與高歡密約，如果是高歡的旨意，就在來信上點一個墨點。收到信，見上面沒有墨點，侯景知道不是高歡的信，於是拒絕前往，又聽說高歡得了重病，「遂擁兵自固」。高歡死後，侯景便率部叛亂了。

詞義：指擁有軍隊，鞏固自己，形容手握重兵的大將，專橫跋扈不服從上級或者朝廷的管制，挑戰中央政權。

唐朝的節度使擁兵自重，不聽中央調遣，儼然自成一國。

你還知道哪些擁兵自重的事例嗎？

延伸鏈接

推薦閱讀：韓愈《平淮西碑》
　（李愬平定淮西吳元濟之戰得勝後，由韓愈執筆所寫的紀念碑文。模仿《尚書》中誥的筆法，被譽為千古散文名篇。）

進階思考

唐朝的藩鎮與春秋時期的諸侯國有什麼相似之處和不同之處？

甘露之變

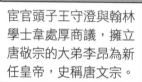

唐朝中後期，宦官專權愈演愈烈，政治更加腐敗、黑暗、混亂，宦官掌握了皇帝的廢立。唐敬宗被宦官扶上皇位不到三年，就被宦官謀殺身亡。

宦官頭子王守澄與翰林學士韋處厚商議，擁立唐敬宗的大弟李昂為新任皇帝，史稱唐文宗。

現在宦官牢牢掌控軍權，氣焰囂張。

皇上，臣覺得應該鏟除宦官勢力！

宋申錫，你和朕想得一樣！

鏟除宦官的事情就交給你去辦！

王璠，這是皇上要消滅宦官的密旨！

我一定不辜負皇上的信任！

很好！

誅殺宦官，萬一失敗怎麼辦？

大人，您怎麼自言自語的？

啊！

鄭注，你嚇我一跳！

你怎麼這麼惶恐啊？

能不惶恐嗎？誅殺宦官萬一失敗，我全家的性命就不保了！

如果我把這事告訴宦官，榮華富貴唾手可得啊！

知樞密使王守澄大人已經知道這件事情了！

什麼？

你還是老實交代吧！或許還能將功贖罪！

皇上知道宋申錫謀反的事情了嗎？

知道。

那您趕緊下詔逮捕他吧！

嗯。

一定是事情敗露了！王守澄這麼說，就是警告我不要輕舉妄動！現在只能棄卒保帥了！

皇上！

皇上怎麼會突然昏倒？

鄭注醫術高明，讓他給皇上診脈吧！

皇上不能說話，你仔細看看是怎麼回事！

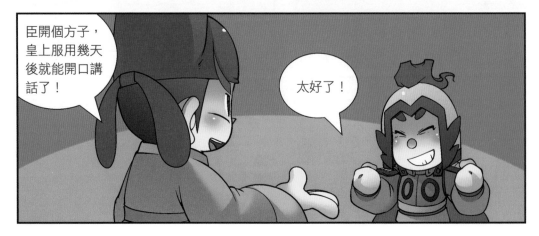

臣開個方子，皇上服用幾天後就能開口講話了！

太好了！

朕決定任命鄭注為太僕卿！

鄭注無德無能，不能擔任這樣重要的官職！

郭承暇大人說得對！

李珏

鄭注為人奸詐狡猾，皇上絕對不能重用他啊！

既然諸位大臣都反對，皇上還是收回成命吧！

鄭注，你放心！朕一定會讓你當上太僕卿的！

公元835年，鄭注被任命為太僕卿兼御史大夫。他和另一位被王守澄推薦的大臣李訓最受唐文宗信任，唐文宗決定依靠他們消滅宦官勢力。

上次計劃失敗是因為宋申錫身居高位，王守澄派人監視著他……

哼哼，計劃失敗是因為我告的密。

鄭注、李訓，你們倆都是王守澄的心腹，我們密謀一定不會引起宦官的懷疑！

我和鄭注對宦官的情況非常了解，我們倆定下的計劃一定比宋申錫的更完美！

李訓大人說得對！

要是這個計劃成功實施，我就能加官進爵了！

我們讓王守澄的死對頭仇士良接替他的職務，然後毒死他！

可是仇士良也是宦官，這麼做並不能消除宦官勢力啊！

如果這個計謀成功，就說明我們的計謀沒有疏漏。

我們再想個計謀，將宦官們一網打盡！

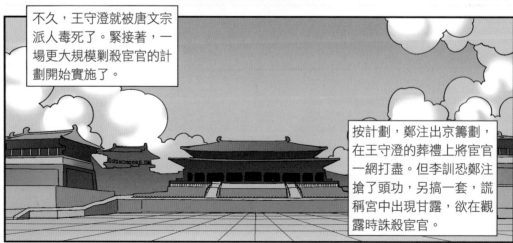

不久，王守澄就被唐文宗派人毒死了。緊接著，一場更大規模剿殺宦官的計劃開始實施了。

按計劃，鄭注出京籌劃，在王守澄的葬禮上將宦官一網打盡。但李訓恐鄭注搶了頭功，另搞一套，謊稱宮中出現甘露，欲在觀露時誅殺宦官。

皇上說金吾廳後的石榴樹上有甘露，也不知道是真是假。

仇士良，我聽說服用甘露的人可以延壽八百年呢！

韓約，這麼冷的天，你怎麼流了這麼多汗？

是嗎？！

呼 呼

帳幕後怎麼有士兵？

不妙！有人想刺殺我們！

有埋伏！趕緊逃啊！

讓他們逃了！
這下慘了！

我們得趕緊
逃，晚了性
命不保啊！

仇士良逃脫後，立
即調來神策軍，對
朝官進行大屠殺，
殺死宰相以下官員
等千餘人，以至上
朝都不足人數。

甘露之變後，宦官勢
力更加橫行無忌，他
們挾持文宗，把持朝
政，打擊政敵，無惡
不作。

107

宦官專權

　　唐玄宗時，宦官勢力開始滲入朝廷軍政系統。安史之亂使得皇帝對權臣、悍將極度不信任，而宦官則時有護主衛駕之勳勞，成為皇帝的依靠，宦官勢力因此坐大。唐肅宗時，宦官李輔國掌管全國軍隊，成為宦官掌軍之始，且權傾朝野，宦官專權由此而始。唐代宗時，設樞密使，由宦官出任，參與朝政決策；唐德宗時，設護軍中尉，亦由宦官出任，統領神策軍。至此，從制度上確立了宦官統領軍政，宦官專權之勢愈加不可收拾，不僅文武百官出於其下，甚至連皇帝的廢立也由他們決定，從憲宗到昭宗，9個皇帝有7個是由宦官所擁立，兩個被他們所殺。宦官專權使唐朝政治更加腐朽、黑暗、混亂。

神策軍

　　唐朝宦官專權的重要原因之一是他們掌握著一支重要的軍隊——神策軍。

　　公元763年吐蕃攻入長安，原來的禁軍潰散，皇帝逃亡。宦官魚朝恩率領以神策軍為主的幾支軍隊迎駕，並保護皇駕回京。此後神策軍便成為禁軍之一，實力逐漸壯大。神策軍成為禁軍後，幾次為朝廷出征叛亂勢力，贏得了重要勝利。因為宦官和神策軍在後來的數次動盪中均緊隨皇帝，獲得了信任，所以皇帝決定將神策軍交給宦官執掌，同時予以擴編和優待，逐漸成為京城及周邊地區最主要的武力。因為宦官掌管神策軍成為定制，此後這支軍隊成為宦官專權甚至廢立皇帝的主要工具。

惡貫滿盈

典故：周武王出兵伐紂，大軍渡過黃河後，直逼商都朝歌。這時，周武王發出誓言，說道：「商罪貫盈，天命誅之。」意思是：商紂王作惡多端，就像串錢的繩子一樣，其罪惡已串到頭了。老天爺已命令我殺死他。後世用「惡貫滿盈」形容罪大惡極，應受懲罰。

詞義：貫：穿錢的繩子；盈：滿。罪惡之多，猶如穿錢一般已穿滿一根繩子。形容罪惡極多，已到末日。

公元843年，惡貫滿盈的仇士良被唐武宗下令削其官爵，籍沒家產。

你還能説出形容罪行深重的其他成語嗎？

延伸鏈接

推薦閱讀：《柏楊版資治通鑒·甘露事變》（司馬光原著 柏楊譯）
（中國歷史中驚心動魄的黑暗面）

進階思考

宦官專權為什麼會使唐朝政治更加腐敗、黑暗、混亂？

小太宗

公元846年，唐武宗病危。由於沒有冊立太子，掌握大權的宦官馬元贄、仇公武等人便聚在一起，商議下一位帝王的候選人。

馬公公，我推薦光王！

那個傻子光王？

仇公武說得對！我們就擁立光王吧！

傻子聽話，容易控制啊！

奉天承運，皇帝詔曰……立光王李怡為皇太叔！

光王是個白癡，居然立他做皇太叔！

一定是宦官搞的鬼……

各位大人，可有意見？

沒有！

請皇太叔代理政務！

嘩 嘩 嘩

江山交到這種人手上，離亡國也不遠了！

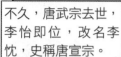

不久，唐武宗去世，李怡即位，改名李忱，史稱唐宣宗。

李德裕，你獨斷專權，為害不淺，朕貶你為荊南節度使！

啊？

皇上，臣沒有……

怎麼，你對朕的命令有意見？

不敢！

皇上口齒伶俐，和以前判若兩人，這是怎麼回事？

我真是瞎了眼了！

我們居然擁立這麼精明的人當皇帝！

皇上不是真傻，而是裝傻！

要不我們偷偷把他殺了？

不可莽撞行事！

皇上聰明過人，我們肯定不能得手，萬一事敗，你我性命難保！

還是馬公公想得周到！

令狐綯，你把朝中所有官員的具體情況説一下！

啊？

六品及以下官員都是由吏部直接任免的。

只有五品及以上官員的任免，需要通過臣呈報您批准。

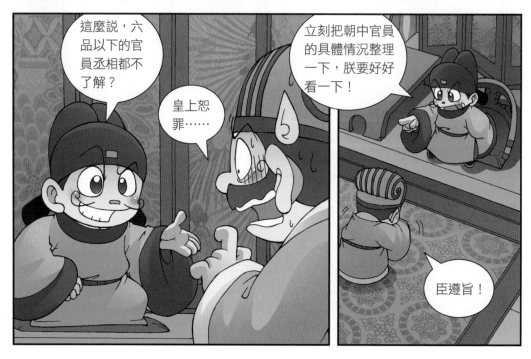

這麼説，六品以下的官員丞相都不了解？

皇上恕罪……

立刻把朝中官員的具體情況整理一下，朕要好好看一下！

臣遵旨！

傳令下去，以後官員任免必須向朕彙報！

刺史級別的官員必須入宮接受朕的考察！

遵旨！

這人的資歷太淺，怎麼可以擔任刺史？

朕今天看到房州刺史的奏摺了！

啊？

這個新上任的刺史好像沒有接受過朕的考察啊！

丞相，你給朕好好解釋吧！

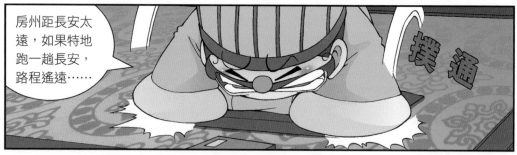

房州距長安太遠，如果特地跑一趟長安，路程遙遠……

朕考察刺史，是想了解一下他的能力，看看他能否勝任這個職位！

朕的命令你都敢更改，你的權力是不是太大了？

臣不敢！

朕有一次在渭州打獵，遇到幾個上香回來的百姓……

李君羨，你知道朕為什麼會任命你為懷州刺史嗎？

臣愚昧！請皇上明示！

你們都向菩薩許什麼願呢？

我們祈求菩薩能讓醴泉縣李君奭縣令留任！

李大人是個大清官，他的任期馬上就要到了，我們都捨不得他走啊！

聽說這兒的寺廟非常靈驗，我們幾個就特地過來上香！

希望菩薩能滿足我們的心願！

嗯，李君奭……

朕後來微服去醴泉縣探訪，知道你清正廉潔、愛民如子……

醴泉縣隸屬懷州，朕任命你為懷州刺史，也算間接地滿足百姓的心願吧！

是不是那個寫「長日惟消一局棋」的李遠？

是的！

臣推薦李遠出任杭州刺史！

這種整天靠下棋打發時間的人，怎麼能當好父母官呢？

那是詩人隨筆寫下的句子，皇上怎麼能當真？

朕要將那個美女處死，斷了自己的淫念！

啊！

不能將她放出宮，留她一條生路嗎？

只要她活著，朕就會忍不住思念她將她接回宮中，所以一定得處死她！

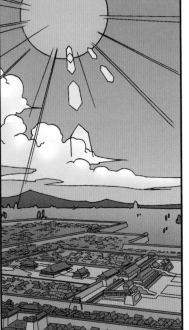

唐宣宗是晚唐時期最有作為的一位皇帝，被人稱為「小太宗」。在他的治理下，原本十分腐敗的唐朝呈現出中興的局面，史稱「大中之治」。

牛李黨爭

　　唐憲宗時，舉人牛僧孺、李宗閔在考卷中批評朝政，引起李德裕的父親——宰相李吉甫的不滿，向憲宗告發考試不公，使牛僧孺、李宗閔仕途受阻，因此結怨。李德裕入朝做官後，與牛僧孺、李宗閔的恩怨進一步加深，兩派結黨，相互傾軋。兩黨的分歧主要有：一是如何選官，牛黨主張通過科舉取士；李黨主張通過門廕取士。二是如何對待藩鎮，李黨主戰，牛黨則主和。從穆宗到武宗，一黨在朝，便不顧國家利益，改弦更張，排斥貶黜對方，使國家政治更加混亂。唐宣宗即位後，貶黜李德裕，不久，牛僧孺、李德裕相繼病逝，延續四十年的牛李黨爭結束。

大中之治

　　唐宣宗崇尚太宗，即位後致力於改革積弊，對內從諫如流，整頓吏治，被譽為「小太宗」；貶謫李德裕，結束牛李黨爭；撥亂反正，為甘露之變的蒙冤的百官平反昭雪；抑制宦官勢力；打擊不法權貴、外戚；勤儉治國，體恤百姓，減少賦稅，注重人才選拔。經過整頓，唐朝政治有所改觀，百姓日漸富裕。對外，唐宣宗不斷擊敗吐蕃、回鶻、黨項、奚人，收復安史之亂後被吐蕃佔領的大片失地，使得大唐國勢復振。宣宗年號為大中，史上把宣宗統治時期稱為「大中之治」。大中之治延緩了唐帝國走向衰敗的大勢。

積重難返

詞義：積重：積習深重；返：回轉。長期形成的不良的風俗、習慣不易改變。也指長期積累的問題不易解決。

唐宣宗的改革，雖然使晚唐的國勢有所加強，但歷經藩鎮割據、宦官專權、朋黨之爭禍害的唐王朝已經江河日下，積重難返，唐宣宗縱有回天之術也挽救不了大唐的覆亡之勢了。

你還能說出與「積重難返」意思相近的成語嗎？

延伸鏈接

推薦閱讀：《唐朝大歷史》（呂思勉 著）
（著名歷史學家敘述一個完整的唐朝）

進階思考

分析一下唐宣宗當時所處的情勢，說說為什麼後世對大中之治有那麼高的評價。

滿城盡帶黃金甲

唐朝末年，政治腐敗，賦稅沉重，嚴刑酷法，使得民怨不斷積聚，一場大動盪即將來臨。

哎，這次又沒考上！

王仙芝，你根本不了解！要不是考官徇私舞弊，我會考不上狀元？

就你那水平……

黃巢，別考了！你都考了多少次了，還是沒考上！

王仙芝

待到秋來九月八，
我花開後百花殺。
衝天香陣透長安，
滿城盡帶黃金甲。

你的詩殺氣太重！我是考官，也不會錄取你的！

你還是乖乖幹販賣私鹽的老本行吧！好歹能填飽肚子！

只能這樣了。

由於連年大災，百姓飢餓難忍。公元874年，王仙芝自稱天補平均大將軍，在長垣揭竿而起，攻下了濮州、曹州，並號召民眾共同反唐。

我馬上起兵，儘早和他會合！

王將軍已經率軍攻佔濮州，他希望您一起響應！

哦！

申、光、廬、壽、舒、蘄州失守！

反賊勢不可擋,有什麼辦法能消滅反賊?

臣覺得還是採取招安的辦法比較好!

王鐸大人的想法不妥,臣覺得應該派兵剿滅他們!

派兵剿滅,我軍未必是反賊的對手!

朕覺得還是招安比較穩妥!

皇上,那您給反賊頭領王仙芝封個什麼官職呢?

就封他左神策軍押牙兼監察御史吧!

左神策軍押牙兼監察御史,這種虛職王仙芝看得上嗎?

127

奉天承運，皇帝詔曰……封王仙芝為左神策軍押牙兼監察御史……

哈哈！我當大官了！

我不認識你，誰是你兄弟？

為什麼沒我的份？一定是你故意排擠我！

兄弟，有話好說，別動手啊！

這可怎麼辦啊？

不好了！黃巢的部下跟將軍的部下打起來了！

啊？

王仙芝，我要和你分家，自立門戶！

你別生氣了！我不接受招安就是了！

聖旨都接下了，你還能反悔？

我可以退回去啊！

來不及了！

王仙芝拒絕了朝廷的招安，可是他與黃巢的矛盾卻沒結束。最後，黃巢帶領兩千多名部下離開了王仙芝，自立門戶。

尚讓，你不是王仙芝的部下嗎？怎麼來投奔我了？

雖然我們鬧翻了，但是聽到他死的消息，還是覺得很難過……

王將軍戰死，我率領殘部來投奔將軍！

王仙芝死了？

我軍與王仙芝的部隊合併後,實力大大增強了!

是啊!

好主意!你們以後就叫我大王吧!

既然我軍實力大增,黃將軍乾脆自立為王吧!

是啊,自立為王才能顯示出我軍的真正實力啊!

朕派去招安的使節被黃巢轟了回來……

131

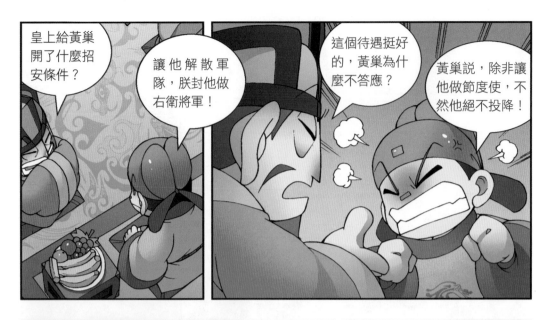

皇上給黃巢開了什麼招安條件？

讓他解散軍隊，朕封他做右衛將軍！

這個待遇挺好的，黃巢為什麼不答應？

黃巢説，除非讓他做節度使，不然他絕不投降！

自從他和王仙芝的部隊合併後就一直打敗仗，有什麼資格提條件？

盧攜説得好！誰讓黃巢敬酒不吃吃罰酒！

既然他不願當將軍，那乾脆封他一個四品的率府好了！

盧大人，這個不太好吧……

我要讓狗皇帝知道我的厲害！

哼！居然只封我一個四品的小官！

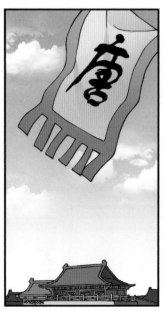

黃巢攻下了廣州，一路北上，打向長安，我軍節節敗退。

皇上，看來我們不是黃巢的對手啊！

現在該怎麼辦？

趁黃巢還沒打進長安，我們趕緊逃吧！

長安被我攻破了！該輪到我當皇帝了！

以後我就是大齊金統皇帝了！

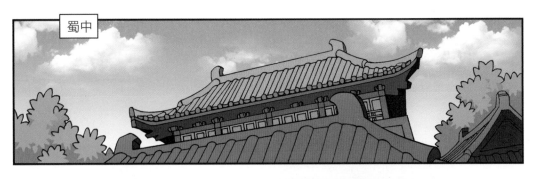

蜀中

皇上，當務之急是讓各路節度使圍剿黃巢！

好！朕立刻下詔天下藩鎮討伐黃巢！

唐軍各路藩鎮四面圍合，包圍了長安，切斷長安的所有糧食供給。黃巢支撐不住，撤離長安，在泰山東南的狼虎谷被逼自刎，黃巢之亂結束。

經過這次動亂，病入膏肓的唐王朝已經奄奄一息了，在平亂過程中崛起的軍閥，成了唐王朝的掘墓人。

歷史小知識

黃巢為什麼會失敗

　　黃巢在其佔領長安稱帝建國的鼎盛時期，在唐軍的圍攻下，迅速覆滅了。究其主要原因，一是實行流寇戰略，沒有建立根據地，攻城掠地只為吃糧，佔一城丟一城。所以，唐軍圍攻長安，黃巢軍很快就糧草不繼，被迫撤離。二是殘暴濫殺。黃巢軍燒殺搶掠，曾在泉州、廣州屠城，兩次血洗長安，更令人髮指的是圍攻陳州（今河南淮陽）時，糧草殆盡，黃巢軍捕殺軍民充作軍糧，把人當作果腹之食。三是攻佔長安後忙於稱帝享樂，不思進取，使唐軍從容集結反攻。種種原因使得黃巢進退失據，民心喪失，眾叛親離，最後兵敗自殺。

朱溫篡唐

　　朱溫是黃巢的一員猛將，跟隨黃巢南征北戰，立下赫赫戰功。公元882年，朱溫屢為唐軍所敗後投降。降唐後，朱溫被委以重任，唐僖宗還賜名「全忠」。朱全忠與唐軍將黃巢趕出長安，在陳州、王滿渡（今河南中牟北）大敗黃巢。公元889年，朱全忠剿滅了黃巢餘部。因為平亂有功，朱全忠不斷加官進爵，並趁勢擴充勢力，控制了黃河以南淮河以北的中原大地，成為唐末勢力最大的節度使。公元904年，朱全忠殺唐昭宗。公元907年，朱全忠廢唐景宗稱帝，建立大梁。曾經盛極一時的唐王朝就此覆亡。

二桃殺三士

　　典故：春秋時期，齊景公手下有三位勇士公孫接、田開疆、古冶子，他們情同手足，但居功自傲。晏子建議齊景公除掉他們。齊景公將三人召到跟前，拿出兩隻桃子，晏子讓三人論功食桃。公孫接說：我勇猛無比，該食桃。田開疆說：我戰功卓著，該食桃。見桃子沒了，古冶子拔劍怒道：我從巨黿口中救了景公一命，難道功勞比不過你們嗎？公孫和田聽了羞愧萬分，拔劍自刎。古冶子見狀，悔恨萬分，亦自刎而亡。

　　詞義：將兩個桃子賜給三個壯士，三壯士因相爭而死。比喻借刀殺人。

　　唐僖宗招安王仙芝時，使用了二桃殺三士的計策，只授予王仙芝一人官職，企圖引起叛軍內鬥而一舉殲之。

你還知道和「二桃殺三士」意思相近的成語嗎？

延伸鏈接

　　推薦閱讀：《柏楊資治通鑑・狼虎谷》（司馬光原著　柏楊譯）
　　　　（曾經盛極一時的朝代，遭遇到最狼狽的結局）

進階思考

　　你覺得應該如何評價唐末戰爭？

主持編輯		張俊峰
責任編輯		劉永光
裝幀設計		易瑋瑩
責任校對		江蓉甬
排　版		蔣　貌
印　務		馮政光

書　名	漫畫中國歷史⑯唐朝：璀璨大帝國（二）
編　繪	孫家裕
主　筆	尚嘉鵬　李宏日
出　版	香港中和出版有限公司 Hong Kong Open Page Publishing Co., Ltd. 香港北角英皇道 499 號北角工業大廈 18 樓 http://www.hkopenpage.com http://www.facebook.com/hkopenpage http://weibo.com/hkopenpage
香港發行	香港聯合書刊物流有限公司 香港新界大埔汀麗路 36 號 3 字樓
印　刷	中華商務彩色印刷有限公司 香港新界大埔汀麗路 36 號中華商務印刷大廈
版　次	2015 年 1 月香港第一版第一次印刷
規　格	16 開（184mm×250mm）144 面
國際書號	ISBN 978-988-8284-50-4 © 2015 Hong Kong Open Page Publishing Co., Ltd. Published in Hong Kong

本書由中國美術出版總社有限公司授權本公司在中國內地以外地區出版發行。
經原出版者同意，本書作了重要的補充修訂。